Vente des 18 et 19 Avril 1904

HOTEL DROUOT, SALLE N° 10

COLLECTION ANDRÉ GIROUX

(3e vente)

N° 319 du Catalogue.

ESTAMPES ET DESSINS
Anciens & Modernes

MM^{es} Maurice DELESTRE et LAIR-DUBREUIL, *Commissaires-Priseurs*
M. Loys DELTEIL, *Artiste-Graveur, Expert.*

Exposition le dimanche 17 Avril, de 2 à 6 heures

CATALOGUE

DES

ESTAMPES

et des

DESSINS

ANCIENS ET MODERNES

Composant

la collection d'ANDRÉ GIROUX

Artiste-Peintre

dont la vente aura lieu

à Paris, HOTEL DROUOT, Salle N° 10

les Lundi 18 et Mardi 19 avril 1904

à 2 heures précises

Par le Ministère de :

M° Maurice DELESTRE	M° LAIR-DUBREUIL
Commissaire-Priseur	Commissaire-Priseur
5, Rue Saint-Georges	6, Rue du Hanovre

Assistés de :

M. Loys DELTEIL, Artiste-graveur, Expert

22, rue des Bons-Enfants

———

Exposition le Dimanche 17 Avril, de 2 à 5 heures

CONDITIONS DE LA VENTE

Elle sera faite au comptant.

Les acquéreurs paieront *dix pour cent* en sus du prix d'adjudication.

M. Loys Delteil remplira les commissions que voudront bien lui confier les amateurs ne pouvant y assister ; il se réserve, en outre, la faculté de diviser ou de rassembler les lots.

MM. les amateurs pourront visiter la collection, *22, rue des Bons-Enfants, les Jeudi 14, Vendredi 15 et Samedi 16 Avril*, de 10 heures à 4 heures.

Exposition publique, à l'Hôtel Drouot, le dimanche 17 avril, de 2 heures à 6 heures.

ORDRE DES VACATIONS

Lundi 18 avril . . . . Nᵒˢ 1 à 80, et 149 à 250
Mardi 19 avril . . . . Nᵒˢ 81 à 148, et 251 à 384

DÉSIGNATION

ESTAMPES

ALIGNY (Th. F. Caruelle d')

1. — Sîte rocheux. Lithographie à la plume. Très-rare.

AUBRY (d'après Etienne)

2. — L'Amour paternel — Les Amans curieux. Deux pièces in-fol., par J. C. Le Vasseur, faisant pendants. Belles épreuves *avant la dédicace*.

BAUDOUIN (d'après P. A.)

3. — Le Lever — La Toilette (E. B. 29 et 48). Deux pièces par Massard et Ponce, faisant pendants. Belles épreuves à grandes marges.

4. — Marton, par N. Ponce (E. B. 31.) Belle épreuve.

BAUJEAN (J. J.)

5. — *Collection de toutes les espèces de bâtimens de guerre et de bâtimens marchands* — Paris. Jean, s. d. Suite complète de 72 pl., dans les couvertures de publication.

BAUR (Jean-Guillaume)

6. — Scènes de la Mythologie, frontispice et 140 planches (sur 150) en 1 vol. grand in-8, obl.

BERGHEM (N.)

7. — La Vache qui pisse (B. 2). Belle épreuve.

BREUGHEL (d'après)

8. — L'Alchimiste — Scène drôlatique. Deux pièces in-fol., gravées par P. Merycinus. Rares.

9. — Les Vertus théologales — Le Printemps — La Guerre, etc. Neuf pièces par P. Merycinus. Belle épreuve.

BODMER (Karl)

10. — Retour du gagnage (Loys Delteil, 75) — In-fol. Très belle épreuve *avant la lettre*.

11. — Le Matin? In-fol. Très belle épreuve *avant la lettre*.

12. — Au Bas-Bréau - - Combat de Cerfs. Deux lithographies gr. in-fol. faisant pendants. Très belles épreuves sur chine, avec *dédicace*.

13. — Un Cerf accompagné de trois biches — Cerf aux écoutes. Deux lithographies gr. in-fol., faisant pendants. Très belles épreuves sur chines, avec *dédicace*.

14. — Lièvre poursuivi par un autour - - Biche et faon — Cerf dix-cors. (L. D., 79, 80 et 81). Trois lithographies in-fol. Très belles épreuves.

15. — Chasse au faucon — Renard à l'affût — Biches au repos — Au bord de l'eau (L. D., n° 89 à 91 et 93). Quatre lithographies. Belles épreuves.

BOL (F.)

16. — Vieillard philosophe. 1642 (Dutuit, 6). Belle épreuve, de la collection R. Dumesnil.

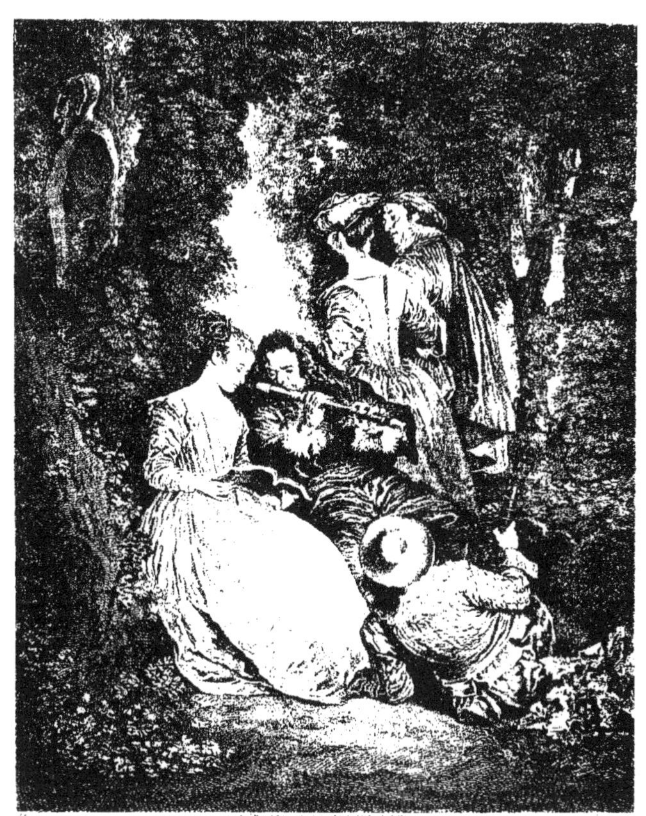

N° 141 du Catalogue.

BONASONE (J.)

17. — Sujets religieux et mythologiques. Huit pièces d'après Raphaël, Parmesan, etc.

BOUCHER (d'après F.)

18. — Vénus sur les eaux — Le Mouton favori — Le
Goûter de l'Automne — Paysages, etc. Neuf
pièces par Moitte, Gaillard, St-Non, etc.

BRY (J. Th. de)

19. — L'Age d'or, d'après Abr. Blœmaert. Petite pièce de forme ronde.

20. — Triomphe du Christ — Triomphe de Bacchus. Deux pièces en forme de frise.

BURNET (John)

21. — *The Valentine — The Dancing Dolls*, 1820-1821. Deux pièces in-fol., faisant pendants. Très belles épreuves, toutes marges.

CAMAIEUX

22. — La Sybille Tiburtine et Auguste — L'Adoration des Mages — Le Martyre des Sts Pierre et Paul — La Paix et l'Abondance. Cinq pièces par Carpi, Andreani, Coriolan, d'après Parmesan et le Guide. Belles épreuves.

23. — Sujets religieux — Scènes mythologiques, Quatorze pièces par U. de Carpi, Goltzius, Andréani, Jackson, etc.

CANALETTI (Antonio)

24. — *Vedute altre prese da i Luoghi altre ideate di Antonio Canal*, frontispice et neuf pl. in-fol. Belles épreuves.

25. — Vues de Venise et de ses Environs. Sept pièces de divers formats. Belles épreuves.

26. — Vues et paysages. Dix pièces. Belles épreuves.

CANALLETTI (d'après Ant.)

27. — *Prospectus Magni Canalis Venetiarum... Pictis ab Antonio Canale... Incidente Antonio Visentini* 1735. Frontispice, portraits du peintre et du graveur, et 14 pl., en 1 vol. in-fol. obl., cart.

CHARLET (N. T.)

28. — Alphabet illustré — Sujets d'albums. Quarante-cinq planches en 1 alb. in-4 obl. cart.

COROT (J. B. C.)

29. — Paysages. Douze fac-simile publiés par Ch. Desavary et Dutilleux.

COSTUMES

30. — *Costumes militaires Français*, frontispice et treize lith., à la plume. In-4. Très belles épreuves, *coloriées*.

DECAMPS (A. G.)

31. — Intérieur de chenil (A. M. 33). Superbe épreuve sur chine.

DURER (Alb.)

32. — La grande Passion de Jésus-Christ (B. 4 à 15). Planches 6, 8, 12. 13, 14 et 15. Six pièces. une avec le *texte au verso*.

33. — L'Apocalypse de St Jean (B. 60-75). Planches 4, 5, 6, 7, 8, 10, 12 et 15. Huit pièces. Belles épreuves, *cinq* ont le *texte au verso*.

34. — La Passion de Jésus-Christ — Le Martyre des dix mille saints — Le Bain d'hommes, etc. Quarante-deux pièces. Originaux et copies.

DYCK (d'après Ant. van)

35. — Portraits extraits de l'Iconographie. Vingt-cinq pièces par Pontius, Vorsterman. Bolswert, etc. Belles épreuves.

EARLOM (Richard)

36. — *A Fruit Market — A Fish Market*. Deux pièces in-fol., d'après Snyders et Langjan, faisant pendants. Très belles épreuves.

37. — *Liber Veritatis or a Collection of prints after the original designs of Claude L° Lorrain: in the collection of his grace the Duke of Devonshire* — London — HURST, ROBINSON et BOYDELL 1819 — 3 vol., in-fol., cart., contenant les portraits d'Earlom et de Boydell et 300 planches *imprimées en bistre*. Bel exempl.

ECOLE ANCIENNE

38. — Sujets religieux et mythologiques. Neuf pièces par Lucas de Leyde, Th. de Bry, Beham, etc.

39. — Sujets divers. Dix-huit pièces d'après Rubens, Ostade, Jordaens, etc., par divers artistes.

40. — Sujets religieux et mythologiques. Dix-neuf pièces.

ECOLE FRANÇAISE (XVIIIe Siècle)

41. — Adelaïde et Fonrose — Erigone vaincue — La Mère laborieuse — Petit Vaux-hall, etc. Huit pièces d'ap. Watteau, Chardin, Greuze, etc.

42. — Retour du Bal — Plaisir de l'Eté — Les Œufs cassés, etc. Cinq pièces.

EVERDINGEN (Albert van)

43. — Paysages. Quatre-vingt-dix-neuf pièces réunies en album. Belles épreuves.

FESSARD (Etienne)

44. — Feste Flamande (ou la Kermesse), d'après Rubens. Grand in-fol. Belle épreuve.

GÉRICAULT (J. L. Th.)

45. — *Entrance to the Adelphi Wharf*, 1821 (Ch. C. 31). Belle épreuve. Rare.

46. — Etudes de chevaux. Neuf p. in-fol. Belles épreuves.

GOLTZIUS (H.)

47. — Boll (Jean), 1593 (B. 161). Belle épreuve.

GREUZE (d'après J. B.)

48. — La petite Fille au capucin, par P. C. Ingouf. Belle épreuve.
49. — La Vertu chancelante, par J. Massard.
50. — L'Enfant gâté — L'Enfant grondé. Deux pièces in-fol., par Maleuvre et L. Cars, faisant pendants. Belles épreuves.

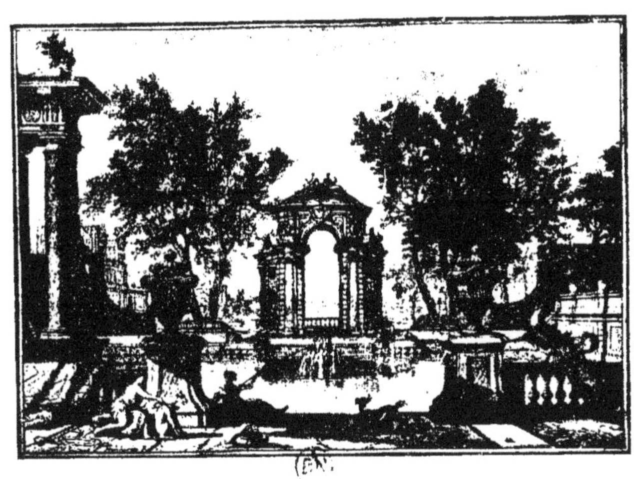

N° 293 du Catalogue.

HANFSTAENGL (Franz)

51. — *Les principaux tableaux de la Galerie de Dresde*, 153 lithographies par F. Hanfstaengl, 1836. Texte et planches.

JACKSON (J. B.)

52. — Le Calvaire, d'après Tintoret. Grand clair obscur en trois feuilles. Très belles épreuves.

JACQUE (Charles)

53. — Intérieur de ferme (G. 74), rare épreuve du
1er état, avec la poule et la vache — Une
Cour (75). Deux pièces. Très belles épreuves
sur chine.

54. — La Truffière (G. 85). Très belle épreuve sur
chine, avant les adresses.

55. — Paysages — Animaux — Scènes rustiques. Qua-
rante-six pièces. Très belles épreuves.

56. — *Album de sujets rustiques* ou les Mois, couver-
ture et suite de douze planches gravées par
Adr. Lavieille. Belles épreuves sur chine.

JANINET (J. F.)

57. — La Foire hollandaise, d'après A. van Ostade.
In-fol. Très belle épreuve *imprimée en couleurs*.

58. — La Tabagie hollandaise — La Baraque rustique.
Deux pièces. Très belles épreuves *imprimées en couleurs*.

59. — Le Nouvelliste — La Tabagie hollandaise.
Deux pièces. Très belles épreuves *imprimées
en couleurs*.

LANCRET (d'après N.)

60. — Les Saisons, suite de quatre pièces, par B. Audran, G. Scotin, Tardieu et le Bas (E. B. 13,
31, 40 et 64). Belles épreuves.

LAVREINNE (d'après N.)

61. — Qu'en dit l'abbé ? par N. De Launay. Epreuve
de l'ancienne réimpression.

LE NAIN (d'après)

62. — L'Ecole champêtre, par J. Daullé — Le Vieillard
complaisant, par saint Maurice. Deux pièces. Très belles épreuves.

LEYDE (Lucas de)

63. — La Conversion de saint Paul (B. 107). Bonne
épreuve.

LIVENS (Jean)

64. — Saint Jérôme (Dutuit 5.). Très belle épreuve
du 3ᵉ état, avant l'adresse.

65. — Saint Antoine — Saint Jean — Têtes de vieil-
lards. Neuf pièces. Belles épreuves.

LORRAIN (Cl. Gellée, dit le)

66. — Le Troupeau à l'abreuvoir (R. D. 4). Belle
épreuve.

67. — Le Soleil levant (R. D. 15). Belle épreuve.

68. — Paysages et Marines. Treize pièces in-fol., par
Vivarès, Mason, J. Ph. Le Bas, Peack, Vol-
pato, plusieurs *avant la lettre.*

MARTINI (P. A.)

69. — Exposition au Salon du Louvre en 1787. Belle
épreuve.

MOREAU (d'après L.)

70. — La Cruche cassée, par Germain. Belle et rare
épreuve, à l'*état d'eau forte.*

MORGHEN, VOLPATO, FABRI

71. — Les Stanze du Vatican, d'après Raphaël. Treize
pièces in-fol.

NEER (d'après Van der)

72. — Vue du Canal proche de Haarlem — *Claire de
la Lune.* Trois pièces in-fol, par Th. Major
et Vivarès. Très belles épreuves.

OSTADE (A. van)

73. — Le Goûter (B. 50). Belle épreuve.

OUDRY (J. B.)

74. — Sujets de Chasse. (R. D. 1 à 4). Suite complète de quatre pièces in-fol. Belles épreuves.

OUDRY (d'après J. B.)

75. — Chasse au Sanglier, au Cerf, au Loup, etc. Six pièces in-fol., par Huquier, Joullain, Chenu, Wexelberg (une des planches contient vingt motifs de forme ronde).

OZANNE (les)

76. - Sujets de Marine, 1er, 2e, 7e et 9e cahiers — Vaisseaux, d'après Ozanne, par Le Gouaz. Cinquante-deux pièces. Très belles épreuves.

PESNE (Jean)

77. — Les Sept Sacrements, d'après N. Poussin. Sept pièces gr. in-fol. Très belles épreuves *avant que le Privilège n'ait été effacé*.

PINELLI (B.)

78. — *Raccolta di Cinquanta costumi Pittoreschi, 1809 et 1819 — Il meo pattacca o vero Roma in feste nei trionfi di Vienna...* — Rome, 1823 — 3 suites en 1 vol., petit in-fol., obl. cart., contenant 132 planches.

POTTER et BERGHEM

79. — Animaux. Onze pièces.

RAIMONDI (M. A.) et son Ecole

80. — Mars, Vénus et l'Amour (B. 345). Deux épreuves.

81. — La Chasse au lion — La petite peste — Silène — Hercule et Antée — Vénus se tirant une épine du pied — Psyché. Six pièces.

RECUEILS

82. — *Theatro delle citta, d'Italia con nova aggiunta*
— Padoue, F. BERTELLI, 1629. In-8 obl., planches.

83. — *Abrégé de la vie des plus fameux peintres avec
leurs portraits gravés en taille-douce, par
M**** (Dargenville) — Paris — LE BURE, 1745.
3 vol. gr. in-8, rel.

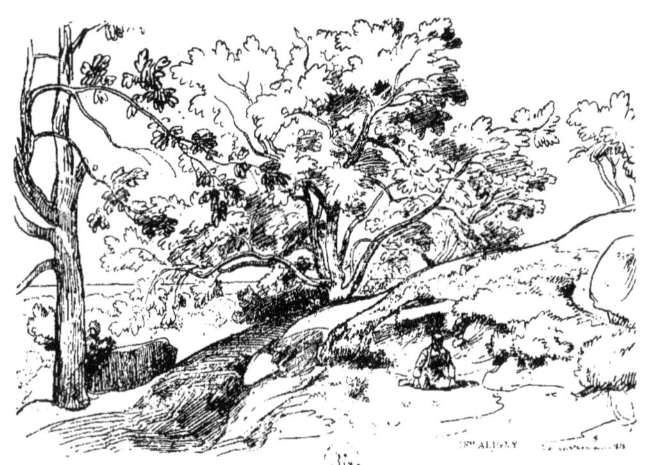

N° 155 du Catalogue

84. — *Il claustro di san Michele in Bosco di Bolo-
gna.... dipinto.... Lodovico Carracci.... de-
sintta ed illustrato G. C. Zanotti* — Bologne.
1776 — 1 vol. in-fol., cart., planches. Bel
exempl.

85 — *Collection de cent vingt estampes gravées
d'après les Tableaux.... du cabinet de M.
Poullain....* Paris — BASAN et POIGNANT.
1781. Bel exempl. in-4., cart.

86. — *Galerie des Peintres Flamands, Hollandais et
Allemands, ouvrage enrichi de deux cent-
une Planches.... avec un texte explicatif....*

par M. Lebrun, peintre — Paris, chez l'auteur, 1792 — 3 vol. in-fol. cart. Bel exempl, non rogn.

87. — *Galerie de l'Hermitage, Gravée en trait.... ouvrage approuvé par S. M. I. Alexandre Ier et publié par F. X. Labensky* — St-Pétersbourg, ALICI 1805 — 2 vol., in-4. cart. contenant 75 planches.

88. — *The British Gallery of engravings from picturis.... now in the possession of the King* — London, W. MILLER, 1807 — 1 vol., in-fol., cart., armoiries sur le plat, contenant 52 pl., gravées par Bromley, J. Heath, etc. Bel exempl.

89. — *Collection d'imitations de dessins d'après les principaux Maîtres Hollandais et Flamands commencée par Ploos van Amstel, continuée et portée au nombre de Cent Morceaux, par C. Josi* — Londres, C. JOSI, 1821 — 2 vol., in-fol., (tiré à 100 exempl.). Bel exempl., dem-rel.

90. — *The Italian School of design beingn Series of fac-similes.... by William Young Ottley* — London, TAYLOR et HESSEY, 1823 — 1 vol., in-fol., cart. non rog. Bel exempl.

91. — Costumes ecclésiastiques, civils et militaires des XIIIe, XIVe et XVe siècles, par Camille Bonnard, planches par P. Mercuri — Rome 1827-1828, tome Ier (complet), tome IIe, livraisons 1, 3, 5, 6, 7 et 8.

92. — Vues pittoresques de la Grèce. Vingt-sept lithographies in-fol. par J. Ouvrié, Deroy, Decamps, Villeneuve, etc., en 1 vol. in-fol. obl. cart.

93. — Galeries historiques de Versailles. Douze cent vingt-cinq planches.

94. — *La Haute Savoie, par Francis Wey, édition illustrée de cinquante lithographies par*

H. Terry — Paris. HACHETTE, 1866 — 1 vol.
in-fol., cart. Bel exempl.

95. — *Museo di Napoli* — Napoli, dalla Stamparie
Reale, 1824-1830 — 23 livraisons avec planches.

REMBRANDT van Ryn

96. — Rembrandt à la toque ornée d'une plume (B.
20. D. 20). Belle épreuve.

97. — Joseph racontant ses songes (B. 37. D. 41).
Belle épreuve.

98. — Joseph et la femme de Putiphar (B. 39. D. 43).
Belle épreuve.

99. — David en prière (B. 41. D. 44). Belle épreuve.

100. — La Nativité (B. 45. D. 50). Belle épreuve.

101. — L'Adoration des Bergers (B. 46. D. 51), Belle
épreuve.

102. — La Vierge et l'Enfant Jésus sur des nuages (B.
61. D. 64). Belle épreuve.

103. — Le Retour de l'Enfant prodigue (B. 91. D. 76).
Belle épreuve.

104. — Jésus-Christ prêchant ou la *Petite Tombe* (B.
67. D. 71). Belle épreuve.

105. — Jésus guérissant les Malades, pièce dite aux
Cent florins (B. 72. D. 78). Belle épreuve
avant que la planche n'ait été reprise par le
capitaine Baillie.

106. — Grande Descente de Croix (B. 81. D. 88, 2ᵉ
planche). Belle épreuve, avec l'adresse de
Vlenburgensis.

107. — Martyre de St Etienne (B. 97. D. 100). Belle
épreuve.

108. — Baptême de l'eunuque de la reine de Candace.
(B. 98. D. 99). Belle épreuve.

109. — St Jérôme en méditation, 1642 (B. 105. D. 108).
Belle épreuve.

110. — Femme au bain (B. 199. Dutuit 196). Très belle épreuve.

111. — Vénus ou plutôt Diane au bain (B. 201 D. 198). Epreuve ancienne.

112. — Le Canal aux Cygnes (B. 235. D. 232). Belle épreuve (le haut de la marge est rapporté).

113. — La Campagne du Peseur d'or (B. 234. D. 231). Belle épreuve de la collection Donadieu (le haut de la marge est rapporté).

114. — Buste de Vieille d'un beau caractère (B. 354. D. 341). Belle épreuve.

115. — Vieille Femme assise (B. 343. D. 332). Belle épreuve (petite restauration).

116. — Vieille Femme assise (B. 344. D. 333). Belle épreuve.

117. — Tête de Vieille regardant en bas, 1633 (B. 351. D. 339). Belle épreuve.

118. — Vieille à bouche pincée, 1628 (B. 352. D. 340). Belle épreuve. Rare.

119. — Jeune Fille avec un panier (B. 356. D. 344). Belle épreuve.

120. — La Mauresse blanche (B. 357. D. 345). Belle épreuve.

121. — Buste de Femme âgée (B. 358. D. 346). Belle épreuve.

122. — Feuille avec six Têtes, 1630 (B. 365. D. 353). Très belle épreuve.

123. — La même estampe. Belle épreuve.

124. — Trois têtes de Femmes, dont une qui dort, 1637 (B. 368. D. 356). Belle épreuve.

125. — Pierre et Jean à la porte du Temple — La Vierge et l'Enfant Jésus sur des nuages — La Faiseuse de Koucks — Gueux, etc. Huit pièces.

126. — Martyre de St Etienne — Haring le jeune — Paysage, etc. Neuf pièces.

127. — Sujets religieux — Gueux et mendiants. Dix pièces.

RUISDAEL (Jacob)

128. — Le Petit Pont (B. 1). Belle épreuve.

129. — Les deux Paysans et leur chien (B. 2). Belle
épreuve.

130. — La Chaumière au sommet de la colline (B. 3).
Belle épreuve.

SAINT-AUBIN (d'après Aug. de)

131. — Le Concert, par A. J. Duclos (E. B. 404). Très
belle épreuve, avec l'adresse, toutes marges.

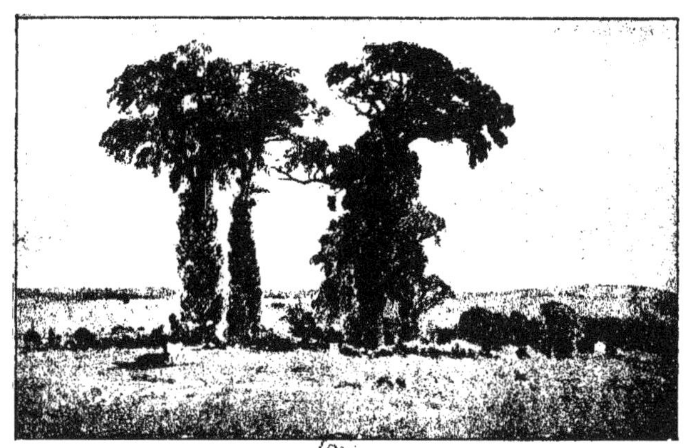

Nᵒ 214 du Catalogue

SWEBACH

132. — *Encyclopédie pittoresque ou suite de Compositions, Caprices et Etudes gravée au trait.*
Trois cent trente-cinq pièces en 4 vol., in-4.
cart. Très belles épreuves.

TÉNIERS (David)

133. — Les Tireurs au blanc (Dutuit, nᵒ 37). Très belle
épreuve du 1ᵉʳ état.

134. — Intérieur de cuisine (Dutuit 14) — Danse en
 rond (22). Deux pièces rares.

TÉNIERS (d'après D.)

135. — Scènes champêtres. Onze pièces par Vander
Bruggen, Le Bas, Godefroy. Belles épreuves.

TIEPOLO (J. B. et D.)

136. *Idée pittoresche sopra la Fuggia in Egitto di
Giesu, Maria e Gjoseppe*, 1753. Titres et
seize planches (sur 25 ?) Très belles épreuves.

137. — Sujets religieux — Caprices. Dix-sept pièces.
Belles épreuves.

VELDE (Adrien van de)

138. — La Vache au pâturage — Le Bœuf pie — Les
deux Vaches dans un pré — Brebis allaitant
un agneau — Le Bélier et le mouton cou-
chés (Dutuit 11 à 15). Belles épreuves sur
papier à la folie.

VELDE (Jean van de)

139. — Les Saisons. Suite de quatre pièces in-fol.
Belles épreuves.

VERNET (d'après J.)

139 *bis*. — Le Midi — Les Baigneuses — L'Aurore d'un
beau matin — Incendie d'un port. Six pièces
in-fol. par Aliamet, Le Veau, Coulet, une à
l'état d'eau-forte. Belles épreuves.

VISSCHER (Corneille)

140. — Le grand Chat (W. S. 40). Belle épreuve du
2ᵉ état.

WATTEAU (d'après Ant.)

141. — L'Accord parfait, par Baron (E. de G. 97). Très
belle épreuve.

142. — La danse Paysane, par B. Audran (E. de G. 125). Belle épreuve.

143. — La Partie quarrée, par J. Moyreau (E. de G. 150). Belle épreuve.

144. — Le Repas de campagne, par L. Desplaces (E. de G. 188). Très belle épreuve.

145. — Le Plaisir pastoral, par le Comte de Caylus. In-fol. Belle épreuve.

WOUVERMANS (d'après Philippe)

146. — Scènes de batailles — Sujets de chasses — Scènes rustiques. Onze pièces, par J. Ph. Le Bas, Aliamet, Moitte, Chedel et Basan. Belles épreuves.

147. — Scènes de batailles — Sujets de chasses — Scènes rustiques. Vingt-six pièces par J. Moyreau. Belles épreuves.

ZEEMAN

148. — Marines — Vues. Cinquante-et-une pièces. Belles épreuves.

DESSINS

ALIGNY((Théodore)

149. — Le Ravin. A l'encre de chine, rehaussé d'aquarelle.

150. — Gorge aux Loups (Forêt de Fontainebleau), 1854. A la mine de plomb, Signé.

151. — Mare aux Fées (id.) 1854. A la mine de plomb. Signé.

152. — A Grunewald (Suisse) 1832. A la plume. Signé.

153. — Les Ravins de Sorrente, août 1834. A la plume. Signé.

154. — Paysages. Deux dessins.

155. — Forêt de Fontainebleau, 1828. Trois dessins à
la plume, signés du monogramme.

156. — Paysages d'Italie. Quatre dessins à la plume,
1825, 1834, 1835, signés du monogramme.

157. — Paysages. Trois dessins.

158. — Civitella — Serpentare — à Valmontone. Trois
dessins à la mine de plomb.

ANDRIEUX (A.)

159. — Le Cheval gardé. Aquarelle. Signée.

160. — Postillon. A la mine de plomb, rehaussé d'a-
quarelle. Signé : *A. Andrieux 49.*

161. — Un Grenadier 1860. A la mine de plomb, lavé
d'aquarelle. Signé.

162. — Vieux Mendiant — Couple Louis XV. Deux
dessins rehaussés d'aquarelle. Signés.

163. — Etudiant et grisette — Tête d'homme. Deux
dessins. Signés.

164. — Sujets divers. Sept dessins, plusieurs rehaussés
d'aquarelle.

165. — Scènes diverses. Sept dessins et croquis.

ANONYMES

166. — Portrait d'Homme en buste. Au crayon noir
sur papier bleu, avec rehauts de blanc.

167. — Tête de jeune Fille. Aux trois crayons.

168. — Jeune Femme en buste (Mlle Salles ?) A la mine
de plomb, rehaussé de crayons de couleurs.

169. — Costume de Femmes (Epoque du 1er Empire).
Quatre dessins au crayon noir rehaussés de
blanc.

170. — Natures mortes. Deux pastels. Encadrés.

BAUR (Jean-Guillaume)

171. — Pyrame et Thisbé. A la plume, légèrement

rehaussé d'aquarelle ; signé et daté : 1632.
Au verso un autre dessin, satyres et femmes.

BELLA (Stefano della)

172. — Débarquement des marchandises — Le Pêcheur.
Deux dessins à la plume.

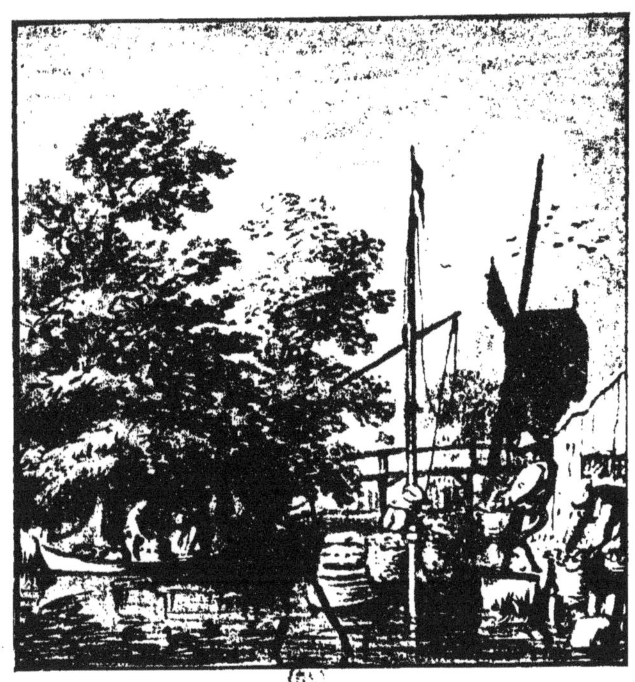

N° 220 du Catalogue

BERGHEM (attribué à N.)

173. — Le Patre jouant de la flûte. Au crayon noir. De
la collection de Robert Dumesnil.

BISSCHOP (J. E.)

174. — La Plage. A la plume, lavé de sépia.

BLŒMAERT (Abraham)

175. — Etudes de personnages, de paysages et d'animaux. Cent trente-six dessins, la plupart exécutés à la sanguine, un certain nombre avec d'autres croquis au verso. *Ce n° pourra être divisé.*

BOGUET (D.)

176. — Paysage. A la plume, lavé de bistre. Signé.

BOISSIEU (J. J. de)

177. — La Chute d'eau. A la plume, lavé d'encre de chine.
178. — Ruine dessinée à Baye. A l'encre de chine.
179. — Paysage montueux. A l'encre de chine. Signé du monogramme.

BOISSIEU (J. J. de) ?

180. — Portrait de Femmes (La Mère de J. J. de Boissieu ?) à mi-corps, arrangeant des fleurs dans un vase. Au crayon noir, rehaussé de pastel et de gouache.
181. — Le Cadeau. Au crayon noir, rehaussé de pastel.

BOOM (A. H. van)

182. — Le Petit pont. A la plume, lavé d'encre de chine. Collection W. Esdaile.

BOTH (André)

183. — Les Joueurs de cartes. A la plume, lavé d'encre de chine.
184. — Le Passage du gué. A la plume, lavé d'encre de chine. Collection Mariette.

BOTH (Jean)

185. — La Branche cassée. A la plume, lavé de bistre.

BOURGEOIS (Constant)

186. — Paysages d'Italie. Trois dessins à la mine de plomb ou à la sépia.

187. — Paysages d'Italie. Onze dessins à la mine de plomb.

BRÉMOND (J.)

188. — Paysages. Quatre dessins à la sanguine.

189. — Paysages. Huit dessins au crayon noir ou en sanguine.

CABEL, GENŒLS, FRANCISQUE MILLET

190. — Paysages. Quatre dessins.

CLERGET (Hubert)

191. Four à chaux de Montmartre. Aquarelle. Signée.

192. — Bords de rivière. Aquarelle. Signée.

193. — Coin de Ferme. Aquarelle. Signée.

194. — Paysage. Aquarelle. Signée.

195. — Vallée de la Solle (Forêt de Fontainebleau). A la mine de plomb. Signé.

196. — Le petit Pont de bois. Aquarelle. Signée.

COROT (J. B. C.)

197. — Bords de rivière. A la plume, Cachet de la vente Corot.

198. — Paysage d'Italie. Trois croquis. Cachet.

199. — Paysages d'Italie. Deux dessins sur papier calque, Cachet.

200. — Paysages et Etudes. Quatre croquis. Cachet.

DEMARNE (Jean-Louis)

201. — Foire de village. A l'encre de chine.

202. — Scènes rustiques — Portes de villes. Huit dessins ou croquis ; plusieurs d'entre eux, ont d'autres croquis au verso.

203. — Scènes de marché — Sujets villageois. Vingt dessins et croquis.

204. — Scènes diverses, Vingt dessins et croquis.

205. — Scènes diverses. Vingt-et-un dessins et croquis.

DESFRICHES

206. — *Le Petit pont.* A la mine de plomb. Signé : *Desfriches 1768.*

DESHAYES (Eugène)

207. — Les Chaumières au bord de l'eau. Au crayon noir. Signé.

208. — Le Moulin. A la mine de plomb, légèrement rehaussé. Signé.

DIVERS

209. — Sujets divers — Paysages — Costumes de théâtre. Vingt dessins par ou attribués à Marilhat, Robert Fleury, Cabanel, etc.

210. — Sujets divers. Paysages. Vingt-six dessins par divers artistes.

211. — Sujets divers — Paysages, Etudes, etc. Quatre-vingt dessins anciens et modernes.

212. — Sujets divers — Paysages — Etudes — Cent dessins anciens et modernes.

DUNKER (B. A.)

213. — La Treille. Sanguine. Signée et datée : 1796.

DUPRÉ (Jules)

214. — La Prairie. Beau dessin au crayon noir. Signé.

ÉCOLE ANCIENNE

215. — Sujets religieux — Paysages — Etudes. Dix dessins par divers artistes.

216. — Sujets divers. Quinze dessins par ou attribués à Cangiage, Baroche, Cigoli, etc.

217. — Sujets. Vingt dessins, par divers artistes.

ÉCOLES FLAMANDE ET HOLLANDAISE
(XVII° siècle)

218. — Intérieur de tabagie — Pastorales — Paysages. Sept dessins.

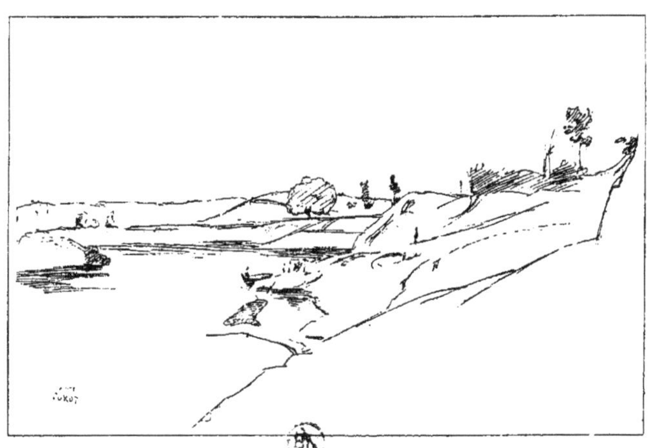

N° 197 du Catalogue

ÉCOLE FRANÇAISE (XVIII° siècle)

219. — L'Amante couronnée. A la plume, rehaussé d'aquarelle.

220. — Portrait de Femme — Portraits d'hommes. Quatre dessins, trois exécutés à la sanguine.

221. — Paysages. Trois dessins lavés de bistre.

222. — Etudes de figures — Etudes de mains. Six dessins attribués à Watteau et à Lancret.

223. — Etudes de figures. Vingt croquis par Joseph
Vernet, Hubert Robert, etc.

224. — Etudes de figures. Vingt croquis par les mêmes
artistes.

ÉCOLE HOLLANDAISE (XVIIe siècle)

225. — Paysages. Quatre dessins par Molyn ét de
l'École de Rembrandt.

ÉCOLE ITALIENNE (XVIIe siècle)

226. — Loth et ses Filles. Dessin à la plume lavé de
bistre, de forme ovale.

ELFFERS (Jean)

227. — Les Chaumières sous bois. A la plume, lavé
d'encre de chine.

EVERDINGEN (Albert van)

228. — Les Mois de l'année. Suite de douze jolis dessins à la plume lavés de bistre. Signés des
lettres A. V. E.

229. — Les Moulins. Deux dessins à la plume, lavés de
bistre.

FIELDING (Copley)

230. — Paysage d'Ecosse. Aquarelle. Signée et datée :
1831.

FLERS (Camille)

231. — Bords de rivière. Au crayon noir. Signé.

232. — Cour de Ferme. Au crayon noir. Signé : *Flers
1847*.

FRAGONARD (Honoré)

233. — Un coin de Parc. Contre-épreuve d'un dessin
à la sanguine.

234. — Paysage. Contre-épreuve d'un dessin à la
sanguine.

GARBET (Émile)

235. — Croquis divers. Sept feuilles contenant cent-cinquante croquis ou pochades à l'huile, de minuscule format.

GENOELS (Abraham)

236. — Paysage. Signé et daté 1719. A la plume, lavé d'encre de chine.

GIROUX (André)

237. — Le Troupeau passant une rivière. Fusain.
238. — Paysages. Quatre dessins au fusain.
239. — Paysages. Onze dessins.
240. — Paysages. Etudes de figures. Douze dessins ou croquis.
24r. — Paysages. Seize dessins ou croquis.

GRANET

242. — Chateaubriand — Schnetz, etc. Six croquis à la plume, quatre signés.

GUASPRE-POUSSIN ?

243. — Paysage. A la plume, lavé de bistre.

HACKERT (Jean)

244. — Paysage. A la plume, lavé d'encre de chine.

HACKERT (J. Ph.)

245. — La Cascade. A l'encre de chine.

HOUEL (J.)

246. — La Porte de ville. A la plume, lavé d'encre de chine. Signé : *J. Houel* 1764.
247. — Le Moulin. Au crayon noir,

HUET (J. B.)

248. — Paysage. A la plume, lavé de bistre. Signé.

249. — Tête de chèvre. A l'encre de chine, lavé d'aquarelle. Signé : *J. B. Huet 1769*.

250. — Tête de mouton. A la sanguine, avec rehauts de blanc. Signé : *J. Huet 1768*.

JACQUE (Charles)

251. — Paysan assis. Au crayon noir. Signé.

252. — Paysages : effet de soir. Deux dessins au crayon noir.

253. — Les deux Cochons. A la mine de plomb. Signé *Ch. J.*

254. — La Charrue. A la mine de plomb. A été gravé par Jacque.

255. — La Chaumière — Coin de village — Les Moulins La Barrateuse — La Mare — Bords de rivière. Six dessins ou croquis.

256. — Le Soldat galant — Paysages — Animaux — Etudes de têtes. Treize dessins ou croquis.

JOLY (A.)

257. — Paysage. Sépia. *Signée*.

JOYANT (J.)

258. — Vues d'Italie — Bateaux. Sept dessins à la plume, lavés d'encre de chine.

259. — Vues de Venise. Quinze dessins à la mine de plomb. Cachet de la vente de l'atelier de l'artiste.

KOBELL (Ferdinand)

260. — La Cascade — Les deux Voyageurs au repos. Deux dessins à la sépia.

LANOUE (H.)

261. — Marine. Pastel. Signé des initiales

262. — Paysages d'Italie. Cinq dessins.

263. — Paysages. Cinq dessins.

LA TOUR et NATTIER (d'après)

264. — Bustes de Femmes et d'Hommes. Six pastels et dessins rehaussés.

LEGILLON

265. — Le Troupeau. A l'encre de chine. Signé et daté 1782.

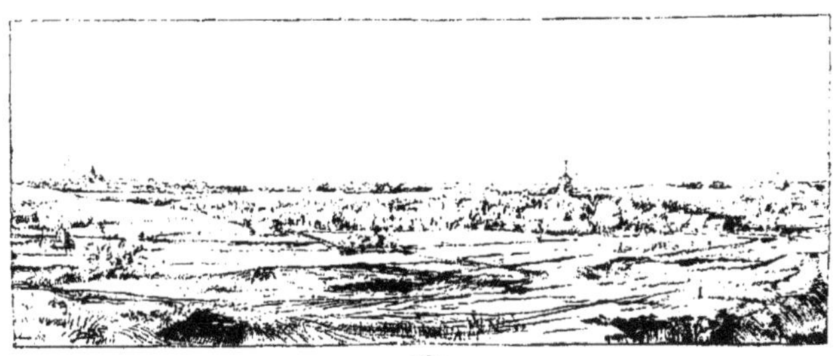

N° 113 du Catalogue

LEGUAY ?

266. — Portraits de famille. A la mine de plomb, sur parchemin.

LÉPICIÉ (B.)

267. — Etudes de Femmes. Un dessin et seize contre épreuves, deux rehaussées de sanguine.

LESSORE

268. — Intérieurs de forêt — Chaumières — Intérieurs rustiques. Seize dessins à la sépia.

LORRAIN (Attribué à Claude)

269. — Le Pont de pierre. A la plume, lavé de bistre. Collection Mariette.

MARILHAT (P.)

270. — Etudes d'arbres. Croquis, trois feuilles.

MAURER (Attribué à Christophe)

271. — Scènes de l'Ancien et du Nouveau-Testament. Deux compositions renfermant plusieurs scènes chacune. A la plume, lavée d'encre de chine, et rehaussés de bleu et d'or.

MICHAU ?

272. — L'embarquement des marchandises. A la plume lavé de sépia.

MICHEL (Georges)

273. — Le Paysage au pont de pierre. A la plume, lavé d'aquarelle.

274. — La Plaine. A l'encre de chine avec légers rehauts.

275. — Les Alentours d'une ville. Au crayon noir, avec rehauts.

276. — Lisière de bois. A la plume, lavé d'aquarelle.

277. — Le Moulin de Montmartre. Au crayon noir, lavé d'aquarelle.

278. — L'Ecluse ; au verso une Marine. A la plume, lavés d'aquarelle.

279. — Lisière de bois. A la plume et au crayon noir avec rehauts de couleur.

280. — Halte de cavaliers ; au crayon noir et à l'encre de chine ; au verso, autre composition.

281. — Le Sentier. A la plume, lavé d'aquarelle.

282. — L'Entrée du village — L'Enclos — Les Chaumières au sommet de la colline. Trois dessins à la mine de plomb.

283. — Paysages. Sept dessins.

284. — Paysages. Sept dessins.

285. — Paysages. Sept dessins.

286. — Paysages. Sept dessins.

MOINE (Antonin)

287. — Sujets divers — Paysages. Huit pastels.

MOLA (Francesco)

288. — Sujet religieux. A la plume. lavé de bistre.

MOLYN (Peter)

289. — Le Pont de bois. Au crayon noir. Signé.

MOMPER (Josse de)

290. — Le Traineau. A la plume, lavé d'encre de
chine.

MOREAU (Louis) ?

291. — La Cascade. Aquarelle, Signée : L. M.

MOREL-FATIO (L.)

292. — Etudes de bateaux — Paysages — Etudes de Figures. Douze dessins.

MOUCHERON (Isaac)

293. — La Fontaine monumentale. Aquarelle gouachée.
Signée.

294. — Paysage. A l'encre de chine.

NANTEUIL (Célestin)

395. — Les Baigneuses. Fusain.
296. — Le Génie de la guerre. A la sanguine.
297. — Forêt de Fontainebleau. Au crayon noir.
298. — Les Récifs, Au crayon noir avec rehauts de
gouache. Signé.
299. — La Source, Royat 1871. A la mine de plomb.
Signé.

300. — A Thiers, en Auvergne, 1871. A la mine de
plomb. Signé des initiales.

301. — Projet d'éventail. A la mine de plomb.

302. — Paysages. Deux dessins au crayon noir.

303. — Rochers à Royat, 1871 — Le Chalet. Deux dessins.

304. — Paysages — L'Enfant prodigue. Trois dessins
au crayon noir.

305. — Paysages montueux. Cinq dessins au crayon
noir.

306. — Paysages. Six dessins.

307. — Compositions allégoriques — Titre de romance,
etc. Onze dessins.

NATOIRE (Charles)

308. — Saint Jérôme. Au crayon, lavé de bistre.
Signé.

NICOLET (P.)

309. — La jeune Mère. A la plume, lavé de bistre. Signé.

NICOLLE

310. — Vues et paysages d'Italie. Dix petits dessins à
la plume, lavés de sépia.

311. — Vues et paysages d'Italie. Dix petits dessins à
à la plume, lavés de sépia ou rehaussés d'a-
quarelle.

312. — Vues et paysages d'Italie. Dix dessins à la plume,
lavés de sépia.

313. — Vues et paysages d'Italie. Douze petits dessins.

OSTADE (Isaac van)?

314. — Le Marché de village. A la plume, lavé de
bistre.

OZANNE (Pierre)

315. — Trois-mâts. A la plume, lavé d'encre de chine.

OZANNE (Pierre) ?

316. — Combat naval. A la plume, lavé d'encre de
chine.

PÉRIGNON (Nicolas)

317. — La Cascade. Aquarelle. Signée: N. P. 1773.
318. — Vue des Environs du Gotteron. A l'encre de
chine, lavé d'aquarelle.

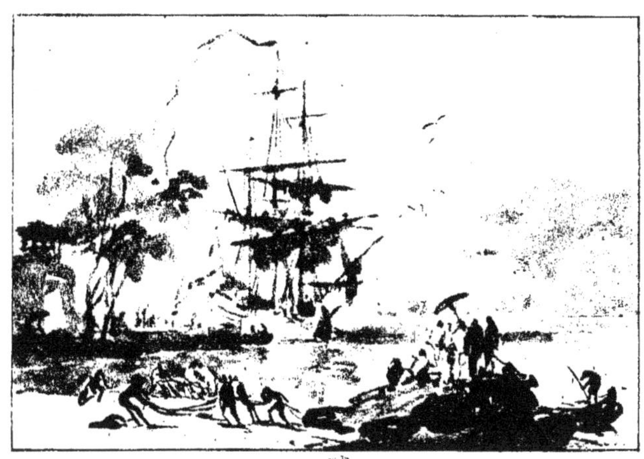

N° 305 du Catalogue

PERNEY

319. — Ruines Romaines. Aquarelle de forme ovale.

QUELLINUS (E.) et GRAVE (J. de)

320. — Une propriété — La Fontaine monumentale.
Deux dessins lavés d'encre de chine.

RADEMACKER (Abraham)

321. - Les Vestiges antiques. A la plume, lavé de
bistre.

ROBERT (Hubert)

322.   Vues de Rome — Sites d'Italie — Intérieurs de Parcs — Etudes de figures et de paysages. Fort intéressant recueil de dessins et croquis, en tête desquels on lit : *Recueil de 80 croquis tant d'après nature que de Compositions faits Rome et à Paris par H. Robert, ce 30 mars 1783.* Ce recueil contient en réalité 94 dessins exécutés soit à la pierre d'Italie, à la sépia ou en sanguine.

323. — L'Escalier de parc. A la sépia.

324. — Carnet renfermant soixante-quatorze dessins et croquis : Paysages — Sites d'Italie Etudes de figures, etc., la plupart exécutés à la pierre d'Italie.

325. — Intérieurs de Parcs. Quatre dessins lavés de bistre.

326. Intérieurs de Parcs — Le Souterrain. Quatre dessins lavés de bistre ou d'encre de chine.

327. — Paysages — Etudes de figures. Huit dessins et croquis.

328. — Paysages. Cinq dessins à la sépia, à l'encre de chine ou à la pierre d'Italie.

329. — La Blanchisseuse, paysage. A la sanguine.

ROSALBIN (E.)

330. — Paysages. Cinq fusains.

SWANEVELT (Hermann van)

331. — La Grotte. A la plume, lavé de bistre. De forme ovale.

THUILLIER (Philippe)

332. — Paysage à Rochechinard, 18 août 1838. A la plume.

333. — Au Bas-Bréau, 1834 — Bords de rivière à Cordon, 1832 — à Carnac, 1851. Quatre dessins.

334. Paysages. Sept dessins.

TROYON (Constant)

335. Bords de rivière; effet du matin. Au crayon
noir, légers rehauts de blanc.

336. — L'Enclos. Au crayon noir.

337. — Le Moulin à eau. Au crayon noir, légers
rehauts.

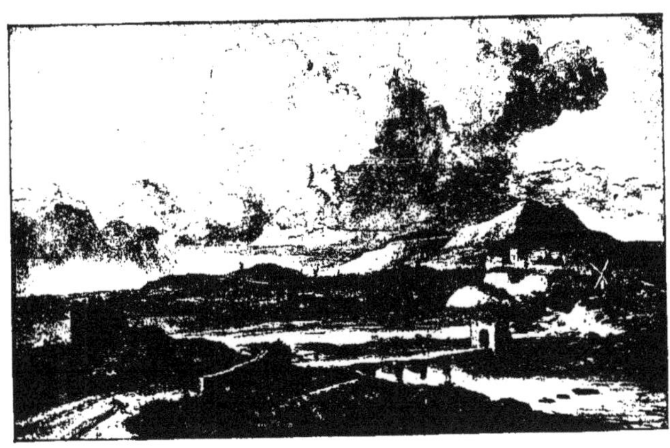

N° 273 du Catalogue

338. — La Prairie. Au crayon noir avec rehauts.

339. — La Chaumière au bord de l'eau. Au crayon
noir.

340. — Paysage. Au crayon noir.

341. — La Barrière. Au crayon noir.

342. — Paysage des environs de Paris. Fusain.

343. — La Rentrée du troupeau. Crayon noir.

344. — Le Chemin creux. Au crayon noir sur papier
bleu.

345. — Un Coin de Ferme. An crayon noir avec légers rehauts.

346. — Au bord de la Mer. Au crayon noir avec légers rehauts.

347. — Bords d'un canal. Au crayon noir.

348. — Rives de la Seine. Au crayon noir.

349. — Le Marais. Au crayon noir avec rehauts de blanc.

350. — Le Labourage. Au crayon noir.

351. — La Barque. Au crayon noir.

352. — L'Etang. Au crayon noir.

353. — Bords de rivière. Au crayon noir avec rehauts de blanc.

354. — Paysages. Trois dessins au crayon noir.

355. — La Chasse au cerf. Sanguine et crayon noir.

356. — Un Pâturage. Au crayon noir avec rehauts de blanc.

357. — Les Meules au bord de la Mer. Au crayon noir.

358. — Bords de rivière. Deux dessins au crayon noir.

359. — Paysages. Trois dessins au crayon noir.

360. — Paysages   Etudes d'animaux. Trois dessins.

361. — Paysages et Animaux. Cinq dessins.

VERNET (Joseph)

362. — Le Vaisseau en réparation. A la sépia.

363. — Le même sujet, composition différente. A la sépia.

364. — Le Port de mer à la tour. A la sépia.

365. — Les Pêcheurs au filet. A la sépia.

366. — Le Pont de pierre. A la sépia.

367. — Marine. A la sépia.

368. — La Barque à voile amenée vers le rivage. A la sépia.

369. — Marine. A la sépia.

370. — Site d'Italie. A la plume, lavé d'encre de chine et signé : *J. Vernet en 1772.*

371. Marines. Huit dessins ou croquis, deux en forme d'écrans.

372. — Etudes de Navires, barques, etc. Douze dessins et croquis.

373. — Etudes de navires, barques, etc. Vingt-et-un dessins et croquis.

374. — Etudes de navires, barques, etc. — Etudes de personnages. Cinquante dessins, feuillets d'albums.

375. — Etudes de navires, barques, etc. Cinquante dessins, feuillets d'albums.

VILLEVIEILLE

376. — Les Saules, 1854. A la plume, lavé d'encre de chine. Signé.

377. — Paysages. Quatre dessins à la plume ou au crayon noir.

378. — Paysages. Six petites pochades à l'huile et dessins.

379. — Paysages. Sept dessins à la plume.

380. — Paysages. Neuf dessins à la plume.

381. — Paysages. Neuf dessins et croquis.

382. — Paysages. Dix dessins et croquis.

WILLE FILS (P. A.)

383. — Joueuse de guitare, 1770. Sanguine, contre-épreuve. Signée et datée.

384. — Sous ce numéro, il sera vendu des estampes et des dessins non catalogués.

IMPRIMERIE
FRAZIER-SOYE
153, Rue Montmartre
PARIS

www.ingramcontent.com/pod-product-compliance
Ingram Content Group UK Ltd.
Pitfield, Milton Keynes, MK11 3LW, UK
UKHW031735170726
13836UKWH00002B/680